Petra Stamer-Brandt

55 TIPPS...

wie Ihr Kind sinnvoll Regeln lernt

CHRISTOPHORUS

55 TIPPS ...

wie Ihr Kind sinnvoll Regeln lernt

Ohne Regeln geht es nicht

Unser Zusammenleben mit anderen Menschen funktioniert erst dann, wenn wir für den Umgang miteinander Regeln entwickelt haben, die von allen akzeptiert werden. Intuitiv wissen das auch schon Kinder. Etwa vom dritten Lebensjahr an spielen sie nicht mehr nebeneinander, sondern fangen an, miteinander zu spielen. Für das Zusammenspiel mit anderen Kindern entwickeln sie selbstständig Regeln. Das gelingt ihnen nicht immer gleich in ausreichendem Maße und muss deswegen kontinuierlich eingeübt werden.

Je jünger Kinder sind, umso wichtiger ist es, Vorgaben zu machen, welche Verhaltensweisen akzeptabel sind und

welche nicht. Es gibt oft Situationen, in denen keine Zeit für Diskussionen über den Sinn oder Unsinn von Verhaltensweisen ist. In solchen Situationen ist es notwendig, dass Eltern Regeln setzen, die nicht verhandelbar sind. Das ist immer dann der Fall, wenn es um Gefahrensituationen geht, wie im Straßenverkehr oder im Umgang mit gefährlichen Materialien, aber auch dann, wenn die Entscheidungsfähigkeit der Kinder noch nicht ausreichend entwickelt ist, z. B. wenn es um die Gesundheit geht. Ein Kind, das sich den Magen verdorben hat, bekommt keine Süßigkeiten und auch keine Limonade, da gibt es keine Diskussionen.

Unterscheiden Sie von Anfang an Regeln, die verhandelbar sind, und Regeln, über die Sie grundsätzlich nicht zu diskutieren wünschen. Kinder müssen lernen, dass es Gebote gibt, die einzuhalten sind und keinen Widerspruch dulden. Setzen Sie Ihrem Kind die Gründe dafür auseinander und beweisen Sie bei den verhandelbaren Regeln, dass Sie durchaus bereit sind, auf kindliche Vorschläge und Lösungsmöglichkeiten einzugehen oder neue Regelungen auszuprobieren.

Bieten Sie Ihren Kindern immer wieder Anlässe, die deutlich machen, dass es ohne Regeln nicht geht. Nur so können sie erfahren, dass

- Regeln das Zusammenleben erleichtern,
- Regeln einen Orientierungsrahmen bieten, der hilft, den Tag zu meistern, ihn überschaubar zu machen,
- man sich lieber an Regeln hält, die man selbst eingefordert hat bzw. deren Sinn man versteht und deswegen akzeptieren kann,
- es auch für Kinder Möglichkeiten gibt, mit Regelverletzungen umzugehen,
- Regelverletzungen unangenehme Folgen haben,
- Regeln Sicherheit und Vertrauen bieten.

1. Kinder brauchen Regeln

Das, was die Kinder am meisten brauchen, ist Liebe. Um das Leben in unserer komplizierten und anspruchsvollen Gesellschaft bewältigen zu können, bedarf es, wie gesagt, auch gewisser Regeln. Sie bieten eine verlässliche Struktur und vermitteln Ihrem Kind ein Gefühl von Sicherheit, Vorhersehbarkeit und Kontrolle über das Geschehen. Regeln bewahren Sie und Ihr Kind vor Konflikten und helfen so, Krisen gar nicht erst entstehen zu lassen bzw. zu entschärfen. Erinnern Sie Ihr Kind auch immer wieder: Wir haben da eine Regel abgesprochen, an die wolltest du dich halten!

Es ist allerdings nicht einfach, die „richtigen" Regeln zu finden. Manche Eltern übernehmen die Regeln, die sie aus ihrer Kindheit kennen, andere lehnen gerade diese ab, weil sie als einschränkend und sinnlos erlebt wurden. Es ist also durchaus notwendig, den Sinn von Regeln immer wieder auf den Prüfstand zu stellen und mit dem Kind selbst über den Sinn und Unsinn von Regeln zu diskutieren. Auch in der Auseinandersetzung mit anderen Eltern und Pädagogen sollten Sie das Thema Regeln immer mal wieder ansprechen. Manche Regeln sollten auch speziell auf Ihr Kind und seine Schwächen, Besonderheiten und Begabungen zugeschnitten sein. Ein sehr ordentliches Kind benötigt keine Regeln für das Aufräumen und ein Kind, das Spaß am Helfen hat, muss keinen „Dienst" im Haushalt übernehmen.

Aber alle Kinder brauchen Regeln, weil diese Regeln ihnen einen Orientierungsrahmen liefern und sie so erfahren: Meine Eltern haben mir gesagt, was ich tun darf und was nicht. Wenn ich mich nicht an die Regeln halte, muss ich die Konsequenzen tragen. Die Kinder erleben auch, dass Regeln Verlässlichkeit bieten: „Ich kann mich darauf verlassen, dass es jeden Tag etwas zum Mittagessen gibt und dass meine Eltern mich pünktlich aus dem Kindergarten abholen." Wer Regeln kennt und erlebt, dass sie ernst genommen und auch von Erwachsenen befolgt werden, spart sich immer wiederkehrende lästige Diskussionen. Ihr Kind erfährt: „Ich muss nicht ständig fragen oder eine Sache immer wieder neu aushandeln, ich weiß auch so schon lange, was zu tun ist, die Eltern müssen es nicht ständig wiederholen."

Solche Regeln lernen Kinder am besten durch das Vorbild der Eltern und durch reines Training. Wenn Kinder da sind, müssen Erwachsene sich besonders kritisch hinterfragen: Wie gehen wir mit Regeln um, befolgen wir aufgestellte Regeln, welche Regeln lernen unsere Kinder von uns, erleben die Kinder, dass wir Regeln ernst nehmen und ziehen wir Konsequenzen aus Regelverletzungen? Gerade kleine Kinder orientieren sich sehr stark am Vorbild der Eltern.

Tipp 1

Aufräumen und Spielen

Kinder räumen nicht gerne auf. Daher macht es Sinn, auf das Einhalten gewisser Ordnungsprinzipien zu achten:

- Wer Spielsachen ausgeräumt hat, räumt sie anschließend wieder ein,
- wer etwas schmutzig gemacht hat, macht es wieder sauber,
- schmutzige Wäsche wird in den Wäschekorb gelegt,
- der Frühstückstisch wird gemeinsam abgeräumt.

Damit das Aufräumen nicht nur zur Last wird, machen Sie es sich zur Regel, dass jeden Abend (zum Beispiel vor dem Abendbrot) kurz gemeinsam aufgeräumt wird. Dabei kann man sich gegenseitig helfen und anschließend die getane Arbeit mit einem gemeinsamen Spiel ausklingen lassen.

Tipp 2

Kinder brauchen Beständigkeit

Sorgen Sie dafür, dass der Tagesablauf Ihres Kindes eine regelmäßige Struktur hat. Es tut Ihrem Kind gut, wenn es sich darauf verlassen kann, dass es jeden Tag zur gleichen Zeit seine Mahlzeiten erhält, eine Ruhepause einlegt und ins Bett geht. Notieren Sie sich, welche Regeln für Sie und Ihr Kind von besonderer Bedeutung sein könnten. Wählen Sie 3–5 dieser Regeln aus, und halten Sie sie konsequent ein. Gewöhnen Sie sich zum Beispiel an, Ihr Kind jeden Tag zur gleichen Zeit in die Kindertagesstätte zu bringen. Wahrscheinlich ist es auch möglich, jeden Tag mit Ihrem Kind gemeinsam das Frühstück einzunehmen und zweimal am Tag die Zähne zu putzen.

Im Laufe der Zeit können Sie Ihre Liste um den einen oder anderen Punkt erweitern, zum Beispiel um die Regel: Beim Decken des Abendbrottisches packen alle mit an oder nach dem Mittagessen zieht sich die Mama eine Stunde zurück und möchte nicht gestört werden. In dieser Zeit ist es ruhig in der Wohnung und das Kind spielt allein.

Tipp 3

Kinder brauchen Vorbilder

Stellen Sie viele Aufgaben, die Sie mit Ihrem Kind gemeinsam bewältigen. Das macht mehr Spaß und zeigt Ihrem Kind, dass auch Sie sich an Regeln halten. Gemeinsame Tätigkeiten könnten sein: Sie räumen jeden Abend zusammen auf, sitzen bei den Mahlzeiten zusammen am Tisch, essen mit Messer und Gabel, benutzen eine Serviette und zum Schluss stellt jeder sein Geschirr selber in die Geschirrspülmaschine. Sie können es sich auch zur Regel machen, jeden Samstag die Schuhe zu putzen.

Tipp 4

Kinder brauchen einen festen Zeitplan

Der Zeitplan hilft, den Tag zu gliedern und einen überschaubaren Orientierungsrahmen zu schaffen. Die Kinder wissen genau: Wenn der Wecker klingelt, kommt gleich die Mama und dann muss ich aufstehen. Wenn die Kirchturmglocke acht Mal läutet, muss ich mich bettfertig machen. Bevor ich ins Bett gehe, muss ich mich waschen. Wenn ich alles erledigt habe, liest Papa mir noch eine Geschichte vor. Sie erleichtern sich und Ihrem Kind das Leben, wenn Sie sich an einen relativ festen Zeitplan halten. Ausnahmen sollten Sie sich für das Wochenende oder während anderer besonderer Tage genehmigen (auch das kann eine Regel sein: sonntags schlafen alle aus). Je jünger Ihr Kind ist, umso wichtiger sind solche Zeitregeln. Natürlich sollten diese Regeln Ihre Spontaneität und Kreativität nicht einschränken und die Ihrer Kinder auch nicht.

Tipp 5

Damit der Tag ohne Stress beginnt

Sprechen Sie gemeinsam mit Ihrer Familie Regeln ab, damit der Tag besser gelingt. In vielen Familien beginnt nämlich der Morgen schon so chaotisch, dass der Tag nur im Stress enden kann. Um das zu vermeiden, könnte man sich auf folgende Regeln verständigen und so auf Hektik und Machtkämpfe verzichten:

- Während Marie aufsteht und das Bett macht, deckt die Mutter den Frühstückstisch,
- während die Mutter unter der Dusche steht, füttert Hauke die Katze,
- am Frühstückstisch sitzen alle gemeinsam,
- anschließend putzen erst die Eltern, dann die Kinder ihre Zähne,
- Meike, Hauke und Marie helfen dem Vater dabei, das Pausenbrot fertig zu machen,
- bevor alle das Haus verlassen, wird gemeinsam der Tisch abgeräumt und abgewischt,
- der Abend sieht dann ähnlich aus: Eine Geschichte gibt es, wenn die Kinder gewaschen und für die Nacht umgezogen sind…

Tipp 6

Umgangsregeln

Achten Sie innerhalb Ihrer Familie darauf, dass Umgangsformen, die Sie für richtig halten, gepflegt werden. Wenn Sie sich als Eltern vorbildhaft verhalten und Ihr Kind darauf aufmerksam machen, wenn es eine Regel verletzt, kritisieren Sie es bitte nicht. Machen Sie nur höflich darauf aufmerksam: Du hast ganz vergessen, mir „guten Morgen“ zu sagen.

Weitere mögliche Regeln: Familienmitglieder und gute Bekannte werden freundlich und mit Handschlag begrüßt und verabschiedet. Wer die Wohnung verlässt, meldet sich ab. Das gilt insbesondere für Eltern, durch deren Vorbild das Kind lernt. Wenn Ihr Kind erlebt, dass Sie Bescheid sagen: „Ich gehe jetzt einkaufen und bin zurück, wenn beide Zeiger auf der Ziffer 6 stehen", bekommt es ein Muster für eigenes zukünftiges Verhalten. Es erfährt auch: In unserer Familie hilft man sich gegenseitig, wir gehen freundlich miteinander um und benutzen Ich-Botschaften – statt Vorwürfe und Kritik: „Ich habe große Angst um dich gehabt, weil du nicht um 1 Uhr nach Hause gekommen bist, jetzt fällt mir ein Stein vom Herzen, weil du wieder da bist!"

Tipp 7

Regeln beim Essen

Damit das Essen für alle zum Vergnügen wird, sollten Sie sich auf gemeinsame Regeln verständigen:

- Vor dem Essen werden die Hände gewaschen,
- während des Essens geht man nicht zur Toilette,
- es wird nicht geschmatzt,
- niemand liest Zeitung,
- der Fernseher bleibt aus,
- alle bleiben am Tisch sitzen, bis das letzte Familienmitglied mit dem Essen fertig ist,
- es wird niemand zum Essen gezwungen, aber alle sitzen während einer Mahlzeit am Tisch,
- neue Gerichte müssen nicht gegessen, aber wenigstens probiert werden,
- Telefongespräche werden auf einen späteren Zeitpunkt verlegt.

Tipp 8

Keine unwürdigen Maßnahmen

Verzichten Sie grundsätzlich auf körperliche Gewalt, Vorwürfe, Beschimpfungen, Drohungen, strenge Strafen und halten Sie keine Moralpredigten. Maßnahmen dieser Art belasten die Beziehung zum Kind und regen zur Nachahmung an. Kinder ändern ihr Verhalten nicht, wenn sie beschimpft oder bedroht werden.

Ihr Maßstab sollte die Umkehrbarkeit der Maßnahme sein. Das bedeutet: Was Sie Ihrem Kind an Konsequenz zumuten, muss auch für Sie annehmbar sein. Wenn Sie es für richtig halten, Ihr Kind zu beschimpfen, muss es Sie auch beschimpfen dürfen.

Tipp 9

Elternregeln

Versuchen Sie immer das positive Verhalten Ihres Kindes herauszuheben. Ermutigen Sie Ihr Kind, wann immer sich eine Gelegenheit dazu ergibt. Ermutigung macht stark und spornt an. Reden Sie nicht „um den heißen Brei herum“, sagen Sie klar und deutlich, was Sie erwarten. Schließen Sie mit Ihrem Kind einen Vertrag ab, in dem Sie genau regeln, was zu tun ist. Lassen Sie Ihren Worten auch Taten folgen. Wenn Sie Ihr Kind bitten, künftig die Pflege einer Blume zu übernehmen und dafür das Taschengeld zu erhöhen, dann dürfen Sie diese „Verabredung“ nicht vergessen. Sie sollten Ihr Kind zunächst an die Absprache erinnern und selbstverständlich auch selbst die Taschengelderhöhung folgen lassen. Schenken Sie Ihrem Kind viel Aufmerksamkeit und vergessen Sie nie, Ihr Kind immer wieder für gelungenes Verhalten zu loben.

Tipp 10

Konsequent bleiben

Sie vermitteln Ihrem Kind auch unbewusst Regeln, die Ihnen vielleicht gar nicht so lieb sind.
Ihr Kind lernt schon als Baby die ersten Regeln im Umgang mit Eltern, wie zum Beispiel: Wenn ich lange genug schreie, werde ich rund um die Uhr beschäftigt, wenn ich den Gemüsebrei nicht mag, bekomme ich Vanillepudding. Deswegen ist es wichtig, dass Sie sich immer wieder hinterfragen: „Welche Regeln bringe ich meinem Kind bewusst und unbewusst bei?“ Wenn Ihr Kind quengelt, weil es pausenlos beschäftigt werden möchte, lernt es zum Beispiel von Ihnen die Regel: Ich muss tüchtig quengeln. Das Quengeln nervt meine Eltern, deswegen beschäftigen sie sich mit mir, damit ich Ruhe gebe.
Wenn Sie konsequent bleiben, lernt Ihr Kind aber auch, dass Wutanfälle nicht zum Erfolg führen, sondern Sie aus dem Zimmer gehen oder es in seinem Zimmer allein toben lassen. Ihr Kind lernt auch, dass es, wenn es jeden Tag Theater beim Schlafengehen macht, keine Geschichte vorgelesen bekommt.
Kinder brauchen selbstverständlich aber auch Trost und Hilfe. Sie haben ebenso wie wir ein Recht auf schlechte Laune. Sie werden es herausfinden, wann es sich bei Ihrem Kind um eine Trotz- oder Wutreaktion handelt und wann Nachgeben und Geduld angesagt sind.

Tipp 11

Abschliessbares Fernsehgerät

Richten Sie feste Fernsehzeiten ein. Für Ihr Kind ist es gut zu wissen: Dreimal in der Woche darf ich vor dem Abendessen die Sesamstraße sehen. Wenn Ihr Kind immer wieder heimlich fernsieht: Es gibt abschließbare Geräte, Geräte, die nur mit einem Code zu bedienen sind oder die man in einen verschließbaren Schrank stellen kann.
Auf mehrfache und bewusste Regelverletzung sollten Sie konsequent reagieren. Sinnvoll ist es allerdings immer, das Kind vorher auf die Folgen eines Regelbruchs aufmerksam zu machen. Die Folgen müssen für Ihr Kind nachvollziehbar sein.

Tipp 12

Familienkonferenz

Es gibt in jeder Familie jeden Tag vielerlei zu besprechen. In unserer hektischen Welt kommen aber Gespräche viel zu kurz. Viele Kinder bekommen nur kurze Anweisungen zwischen Tür und Angel und nehmen sie deswegen auch nicht so ernst.
Eine wichtige erste Regel könnte für die ganze Familie lauten:
Wir nehmen eine Mahlzeit am Tag gemeinsam ein und setzen uns anschließend für 15–30 Minuten (je nach Alter der Kinder) zu einer Familienkonferenz zusammen.
In dieser „Konferenz“ erhält jedes Familienmitglied die Gelegenheit, Erlebnisse des Tages zu erzählen und Wünsche und Kritik zu äußern. Es können auch Ämterpläne besprochen und Wochenendvorhaben geplant werden.
Kleine Kinder genießen das Beisammensein in der Familienrunde und gewöhnen sich schnell an das regelmäßig stattfindende Treffen.

Tipp 13

Regeln einhalten

Niemand schafft es, ständig alle Regeln einzuhalten, auch Erwachsene nicht. Zeigen Sie Ihren Kindern, dass Sie die Regeln trotzdem ernst nehmen. Kindern macht es Spaß, Eltern bei Regelverletzungen zu „erwischen". Nehmen Sie solche Hinweise ernst und tragen auch Sie die Konsequenzen. „Mama, du hast dir deine Hände nicht gewaschen!" – „O, das habe ich vergessen. Gut, dass du mich erinnerst, ich werde es sofort machen!"

Tipp 14

Sternchen

Wenn Ihr Kind zum Beispiel absolut nicht duschen mag, treffen Sie eine Vereinbarung, die für etwa vier Wochen Gültigkeit hat. Sie kleben für jedes Duschen einen gelben Leuchtstern auf das Kalenderblatt. Sind sechs Sterne auf dem Blatt, gibt es eine kleine Überraschung, eine zusätzliche Fernsehzeit, einen Ausflug oder ein kleines Geschenk.

Tipp 15

Die Zwergengeschichte

Die Zwergengeschichte denken Sie sich aus. Sie hat den Tagesablauf Ihres Kindes zum Inhalt, wird aber aus der Sicht eines imaginären Zwerges erzählt. Das könnte etwa so aussehen:

Heute war ein ganz besonderer Tag für den kleinen Zwerg. Du kennst ihn wahrscheinlich. Das ist der mit den hübschen, strubbeligen, blonden Haaren, der so schnell rennen kann. Der kleine Zwerg hatte eigentlich am Sonntagmorgen überhaupt keine Lust aufzustehen. Er trödelte fürchterlich herum, konnte seine Sachen zum Anziehen nicht finden und fing dann auch noch an, mit der Marmelade herumzuschmieren. Seine Mama wurde schon ganz ungeduldig. Aber dann wurde plötzlich alles ganz anders. Der Zwergenpapa steckte seinen Kopf durch die Tür und rief: „Kleiner Zwerg, mach' dich fertig, ich habe eine Überraschung, wir fahren in den Zoo". Und was glaubst du, hat der kleine Zwerg gemacht? Natürlich, er hat sein Geschirr abgeräumt, die Finger gewaschen, die Zähne geputzt und sich ganz alleine Jacke und Schuhe angezogen. Und das ging ratzfatz. Die Zwergeneltern waren ganz stolz auf ihren Zwergensohn. Ja, und dann sind sie in den Zoo gefahren und haben Elefanten und Affen gesehen, bei den Eisbären einen Besuch gemacht und, was glaubst du, hat dem kleinen Zwerg am meisten Spaß gemacht?

Lassen Sie Ihr Kind auch selbst Passagen der Geschichte erzählen, es verarbeitet so den vergangenen Tag.
Kinder lieben solche Geschichten und Sie können die Gelegenheit ergreifen, um positive Rückmeldung zu geben, denn die Zwergeneltern haben sich sicherlich über den Zwerg gefreut. Aber auch schonende Kritik kann in die Zwergengeschichte eingebaut werden.

Tipp 16

Wochenrituale

Unternehmen Sie jeden zweiten Samstag etwas gemeinsam mit der ganzen Familie. Besuchen Sie ein Museum, einen Park oder den Zoo. Kochen Sie am Sonntagabend alle gemeinsam. Das macht auch kleinen Kindern Spaß. Sie können eine Quarkspeise oder einen Obstsalat herstellen und auch beim Salat helfen. Der Tisch wird festlich gedeckt und anschließend gemeinsam aufgeräumt. Vielleicht bleibt dann noch Zeit für ein Spiel. Am Freitagnachmittag bietet sich vielleicht eine gemeinsame Einkaufsaktion an. Planen Sie vorher alles, schreiben Sie eine Einkaufsliste und lassen Sie sich von Ihrem Kind beim Einkauf helfen. Donnerstag ist der Tag, an dem es das Wunschessen der Kinder gibt und am Mittwoch werden Oma und Opa besucht.

Ihre Kinder entwickeln bestimmt eigene Ideen zu den Wochenritualen. Diese Rituale helfen den Kindern, die Woche einzuteilen und zu überblicken, dabei entwickeln sie auch ein Zeitgefühl.

Tipp 17

DIE GUTE-NACHT-REGEL

Die meisten Kinder gehen nicht gerne von alleine ins Bett und schon gar nicht, ohne ein bestimmtes Ritual. Machen Sie es sich und Ihrem Kind zur Regel, dass jeder Abend nach einem bestimmten Schema abläuft: Ihr Kind macht sich möglichst jeden Abend zur gleichen Zeit fertig. Ist das geschehen, hat es sich gewaschen und die Zähne geputzt, sollten Sie sich jeden Abend 15–30 Minuten gönnen, um noch eine Geschichte vorzulesen oder zu erzählen, den Tag noch einmal Revue passieren zu lassen oder eine gemeinsame Geschichte zu erfinden.

Tipp 18

HILFE IM HAUSHALT

Kinder helfen gerne. Sie möchten gerne selbstständig etwas im Haushalt erledigen und sind stolz, wenn sie ihren Teil zum Gelingen des Familienlebens beitragen können. Deswegen ist es wichtig, dass sie wissen: Jedes Familienmitglied kann und muss seinen Teil zum Funktionieren des Haushalts beitragen. Was das sein kann, wird in der Familienkonferenz besprochen. Jeder in der Familie hat andere Fähigkeiten und Vorlieben, das sollte Berücksichtigung finden. Schon das zweijährige Kind kann z. B. Staub wischen, während der vierjährige Bruder schon die Blumen gießen oder die Treppe fegen kann. Am meisten Spaß macht es, wenn alle gemeinsam an einem bestimmten Tag im Haushalt mit anpacken. Sie sollten dabei keine Perfektion erwarten, sondern auf jeden Fall den guten Willen Ihres Kindes honorieren.

Tipp 19

Anziehregeln

Ihr Kind hat wahrscheinlich schon vor dem dritten Lebensjahr begonnen, verschiedene Bekleidungsstücke, zum Beispiel Strümpfe und Hausschuhe, selbstständig an- und auszuziehen. Probleme bereitet häufig die Auswahl der Kleidung. Das liegt daran, dass Kinder noch gar keine begründeten Vorlieben und Auswahlkriterien haben und deswegen überfordert sind. Führen Sie also nun die Regel ein: Du bist groß und tüchtig, du kannst dich schon ganz alleine an- und ausziehen. Ich biete dir drei verschiedene Sachen an, du wählst aus und ziehst sie alleine an. Wenn du Hilfe brauchst, rufst du. Wenn du dich nicht alleine anziehen möchtest, wähle ich deine Sachen alleine aus.

Tipp 20

Ämterplan

Kinder freuen sich, wenn sie eine Aufgabe zuverlässig und erfolgreich erledigen können. Sie können schon in sehr jungen Jahren ein Amt bekleiden und sich so an Regeln gewöhnen und auch bestimmte haushaltstechnische Kompetenzen erlernen. Handeln Sie mit der gesamten Familie aus, wer wann für was zuständig ist und wechseln sie die Ämter nach einer Weile. Kinder können:

- den Mülleimer regelmäßig leeren,
- Leergut wegstellen,
- Blumen gießen,
- Staub wischen,
- fegen,
- abwaschen,
- die Geschirrspülmaschine ein- oder ausräumen,
- Schuhe putzen,
- den Tisch decken...

Tipp 21

Naschitag

Kinder lieben Süßigkeiten und am liebsten würden die meisten Kinder auf ein normales gesundes Essen ganz verzichten. Um einen Kampf zu vermeiden, können Sie eine Regel einführen: Samstag ist „Naschitag“. Geben Sie Ihrem Kind am Samstag oder Sonntag eine Tüte mit Süßigkeiten oder anderen Leckereien, die es bevorzugt. Die Regel lautet nun: Du bekommst einmal in der Woche deine Naschitüte. Die kannst du noch am gleichen Tag leer essen oder dir die Naschereien für die Woche aufteilen.

Tipp 22

Spielregeln erklären

Regeln muss man verstehen können, um sie zu beherrschen. Kinder sind stolz darauf, wenn sie nicht nur wissen, dass sie Regeln beherrschen, sondern sie auch Erwachsenen erklären können. Spielen Sie mit Ihren Kindern Spiele, die sie im Kindergarten oder in der Schule gelernt haben. Lassen Sie sich die Regeln von Ihrem Kind erklären. Ihr Kind achtet auch darauf, dass die Spielregeln eingehalten werden.

Tipp 23

GEBURTSTAGSREGELN

Kinder lieben insbesondere auch die immer wiederkehrenden Feiertagsregeln. Das Fest bekommt dadurch eine besondere Bedeutung. Solche Regeln können sein:

- Ihr Kind darf, der Anzahl seines Alters entsprechend, Geburtstagsgäste einladen.
- Alle Familienmitglieder singen für das Geburtstagskind ein Wecklied.
- Das Geburtstagskind muss an seinem Ehrentag nicht helfen. Ämter werden von den Geschwistern übernommen.
- Am Geburtstag wird die Körpergröße gemessen und in eine Liste eingetragen.
- Es wird ein Geburtstagsporträt aufgenommen und in die „Galerie“ gehängt.

Tipp 24

Sonntagnachmittag ist Spieletag

Mindestens einmal in der Woche sollten Sie sich Ihrem Kind über einen längeren Zeitraum hinweg ganz widmen. Lassen Sie Ihr Kind zum Beispiel wissen: Sonntags von 16–18 Uhr spielen meine Eltern mit mir.

Jedes Familienmitglied darf sich an dem Tag ein Spiel aussuchen. Alle spielen gemeinsam, auch wenn es nicht immer das eigene Lieblingsspiel ist.

Tipp 25

„Regelurkunde"

Manche Kinder benötigen viele positive Verstärker, ehe sie sich eine Regel merken können. Wenn das bei Ihrem Kind auch so ist, können Sie es mit einer Regelurkunde oder einem Orden versuchen. Sie notieren sich, vielleicht mithilfe einer Strichliste, die durch Symbole gekennzeichnet ist und die vielleicht in der Küche hängt, Folgendes:

- Hat den Hamster gefüttert,
- hat den Tisch gedeckt,
- hat Gemüse gegessen,
- hat auf das Fernsehen verzichtet,
- hat auf seinen Bruder/Schwester aufgepasst,
- hat sich im Auto selber angeschnallt,
- hat den Videorecorder richtig bedient.

Wenn eine stattliche Strichliste entstanden ist, sollten Sie Ihrem Kind eine Urkunde ausstellen oder einen selbst angefertigten Orden verleihen. Beides lässt sich schnell selbst herstellen und bereitet Kindern große Freude.

2. Eltern setzen Regeln, die nicht verhandelbar sind

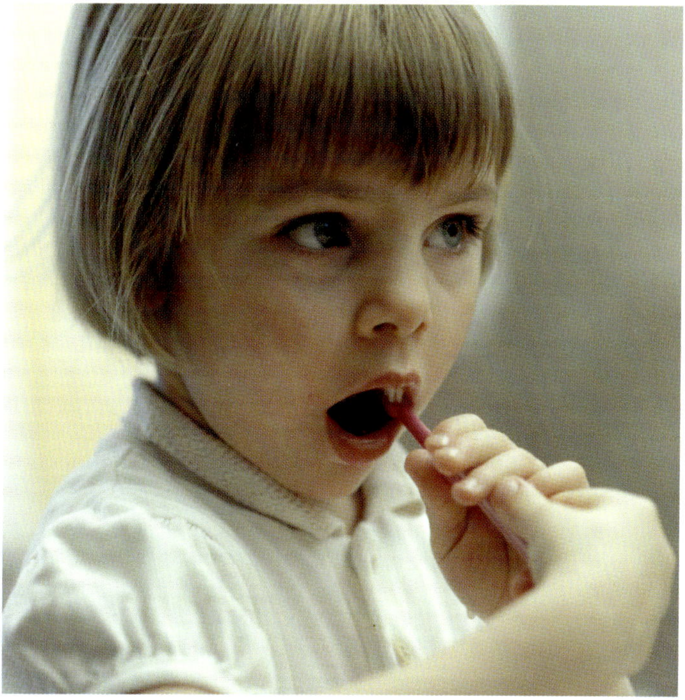

Es gibt eine Reihe von Regeln, die nicht verhandelbar sind. Das sind Regeln, durch die das Kind vor Gefahren geschützt wird, Regeln, die der Gesundheit dienen, und Regeln, die das Kind davor schützen, Dinge zu tun, die es noch nicht überblicken kann.

Es gibt zum Frühstück weder Cola noch Pommes und ein Piercing kommt erst in Frage, wenn ich als Mutter nicht mehr zu entscheiden habe. Kinder dürfen auch nicht rauchen und keinen Alkohol trinken und nicht alleine über eine verkehrsreiche Straße laufen. Und dann gibt es natürlich auch noch die Regeln, die dafür gut sind, Eltern, Geschwister und andere Menschen zu schützen, aber auch ein Recht auf Ruhe und Erholung und ein Recht auf Gewaltfreiheit. Diese Rechte sollten Sie auch wahrnehmen und durchsetzen. Ihr Kind wird das verstehen. Wenn Ihr Kind sich nicht an Regeln hält, wenn es Regeln verletzt, gibt es nur einen Tipp: Bleiben Sie konsequent. Ihr Kind ignoriert die Verkehrsregeln. Sie nehmen es nun wieder an Ihre Hand und lassen es nicht mehr alleine über die Straße, zum Kindergarten oder zum Spielen gehen.

Wenn Ihr Kind jeden Morgen herumtrödelt, muss es tatsächlich mal auf das Frühstück verzichten (es sei denn, es mag morgens nicht gerne essen) oder mit den schmutzigen Kleidungsstücken vom Vortag in die Kindertagesstätte. Sie können dieses Vorgehen Ihrem Kind und auch der Erzieherin erklären. Jeder Mensch muss die Konsequenzen seines Verhaltens tragen.

Erklären Sie Ihre Verhaltensweise und beschränken Sie diese auf einen kurzen Zeitraum. Ihr Kind muss wissen: Wenn ich mein Verhalten ändere, bekomme ich wieder mehr Freiraum.

Tipp 26

„Verkehrsführung“

Lassen Sie sich von Ihrem Kind einmal durch eine verkehrsreiche Gegend führen. Ihr Kind achtet dabei darauf, dass Sie alle Regeln einhalten. Es erklärt Ihnen den Weg und sagt Ihnen, welche Regeln es zu beachten gilt.

Fragen Sie auch nach:

- Was mache ich, wenn ich über eine verkehrsreiche Straße gehen will?
- Was ist zu beachten, wenn am Zebrastreifen auch eine Ampelanlage steht?
- Welche Bedeutung haben die Farben der Ampel?
- An welchen Stellen sollte man eine Straße möglichst nicht überqueren?

Tipp 27

Über Verkehrsregeln wird nicht verhandelt

Es wäre zum Beispiel unverantwortlich, mit einem Kind über den Sinn oder Unsinn von Verkehrsregeln zu verhandeln. Hier bestimmen Sie: An der Ampel wird stehen geblieben, wenn das rote Licht aufleuchtet. Und: Wer die Straße überqueren will, schaut erst nach links, dann nach rechts und wieder nach links. Das Einhalten dieser Regeln muss ständig geübt werden, weil dies für Ihre Kinder überlebenswichtig ist. Ihre Aufgabe besteht darin, immer wieder zu überprüfen, ob es Ihrem Kind gelingt, diese Regeln einzuhalten und es auf die Folgen eines Regelbruches aufmerksam zu machen.

Tipp 28

Gewöhnung an Verkehrsregeln

Zunächst ist es natürlich wichtig, dass Sie sich selbst an die gängigen Verkehrsregeln halten. Das allein reicht aber nicht aus. Wenn Sie mit Ihrem Kind unterwegs sind, sollten Sie die Regeln nicht nur einhalten, sondern sie auch benennen und erklären. Sie stehen zum Beispiel an einer Ampel und sagen: „Schau mal, jetzt leuchtet das grüne Licht auf, jetzt können wir ohne Gefahr die Straße überqueren!“ Oder: „An dieser Stelle können wir nicht über die Straße gehen, hier ist es zu gefährlich. Lass uns ein Stück weiterlaufen zum Zebrastreifen. Dort müssen die Autofahrer auch auf uns Acht geben und langsam fahren!“ Geben Sie Ihrem Kind diese Hinweise auch, wenn Sie im Auto sitzen. Es bieten sich immer wieder Gelegenheiten, um das Kind auf Verkehrsregeln aufmerksam zu machen. Irgendwann haben sich die Regeln dann eingeprägt.

Tipp 29

Verkehrsspiel

Vielleicht besitzen Sie einen Straßenteppich (eine Schaumstoffmatte, auf die Straßen und Verkehrszeichen gemalt sind und die in jedem Kaufhaus preiswert zu erhalten ist), auf dem Sie mit Ihrem Kind spielen und Verkehrsregeln einüben können. Wenn nicht, bauen Sie ein Verkehrsnetz aus Bausteinen und zeichnen Sie selber ein paar gängige Verkehrsschilder (Zebrastreifen, Ampel, Spielstraße) auf oder besorgen Sie sich einen großen Bogen Packpapier, auf den Sie ein Wegenetz zeichnen, um dann mit Spielfiguren durch die Straßen zu fahren oder zu gehen und dabei die gängigen Verkehrsregeln zu beachten.

Tipp 30

Zähne putzen will gelernt sein

Übung macht den Meister – das Putzen der Zähne gehört mit zu den nicht verhandelbaren Regeln und muss deswegen regelmäßig eingeübt werden, bis es zur Selbstverständlichkeit geworden ist.
Bereiten Sie das Putzen der Zähne gut vor. Besorgen Sie attraktives Zubehör (Zahnputzbecher und Zahnbürste, eventuell eine elektrische), eine schmackhafte Zahncreme und Färbetabletten (aus der Apotheke).
Putzen Sie mit Ihrem Kind zusammen gründlich die Zähne und kontrollieren Sie anschließend mithilfe der Färbetabletten (wie das gemacht wird, steht auf der Packungsanweisung), ob Ihnen eine gründliche Reinigung gelungen ist.
Machen Sie es sich zur Gewohnheit, einmal am Tag mit Ihrem Kind die Zähne zu putzen und einmal in der Woche, vielleicht jeden Samstag, später einmal im Monat, die Kontrolle durchzuführen.

Tipp 31

Richtig oder falsch

Sie erzählen eine Geschichte, in der lauter merkwürdige Sachen passieren. Ihr Kind kommentiert die Ereignisse und ruft Ihnen zu, ob es richtig oder falsch ist, was Sie da erzählen, und das könnte so aussehen:

Tomas wird von seinem Papa mit dem Auto in den Kindergarten gefahren. Sie sind spät dran, deswegen verzichten sie heute auf den Kindersitz, es ist ja auch nicht weit. Im Auto isst Tomas schnell eine Milchschnitte, Zeit zum Frühstücken war zu Hause nämlich auch nicht.
Zum Glück kann Tomas im Kindergarten seinen Durst löschen und ein Glas Orangensaft trinken. Nachdem er das Glas leer getrunken hat, geht er mit den anderen Kindern zum Spielen an die frische Luft. Seine Erzieherin sitzt im Sandkasten und raucht eine Zigarette. Später wird im Kindergarten gemeinsam gefrühstückt. Die Kinder machen einen Obstsalat und eine Quarkspeise, das schmeckt prima. Heimlich geht Tomas dann hinaus, um ein paar Bonbons zu naschen, die seine Mutter ihm eingesteckt hat. Um 12 Uhr gehen alle Kinder nach Hause. Die meisten werden abgeholt. Tomas geht alleine nach Hause. Er wählt den kurzen Weg ohne Ampelanlage, er kann ja schon sicher verkehrsreiche Straßen überqueren.

Denken Sie sich selbst eine ähnliche Geschichte aus, die den Tagesablauf Ihres Kindes schildert.

Tipp 32

Darf ich – darf ich nicht!

Ihr Kind kennt schon viele Regeln. Manche beherrscht es sicher, manche noch nicht. Legen Sie sich ein paar Weintrauben, Nüsse oder ein paar Smarties bereit und stellen Sie Ihrem Kind folgende Fragen, auf die es „Darf ich!“ oder „Darf ich nicht!“ antwortet:

- Unangeschnallt im Kindersitz sitzen?
- Obst essen?

- Milch trinken?
- Bei „Rot“ über die Straße gehen?
- Den Tisch abräumen?
- Mich morgens alleine duschen?
- Allein zum Kindergarten gehen?
- Von Mamas Rotwein nippen?
- Allein in Papas Werkstatt gehen?

Für jede richtige Antwort gibt es eine Weintraube.

Die Antworten sollten Sie nicht einfach so im Raum stehen lassen. Es ist wichtig, dass die Kinder erfahren, dass Regeln einen Sinn haben. Nur wenn Sie den Sinn verstehen, und den gilt es in einem begleitenden Gespräch zu klären, können sie Regeln befolgen.

Tipp 33

Wenn du gross bist!

Fragen Sie Ihr Kind, was es tun wird, wenn es erwachsen ist.

- Wirst du dich anschnallen, wenn du mit dem Auto fährst?
- Was wirst du tun, wenn deine Kinder nur Hähnchen und Pommes essen wollen?
- Welche Regeln wirst du deinen Kindern erklären?
- Wirst du dann deine Zähne noch putzen?
- Wirst du dich jeden Tag waschen?
- Räumst du dann deine Wohnung auf?

3. Kinder entwickeln Regeln selber

Kinder lieben Regeln übrigens sehr! Wer sich einmal die Mühe macht und Kinder beim Spiel beobachtet, ohne sie dabei zu stören, selbst wenn es laut und ungemütlich wird oder es zu einem Konflikt kommt, kann schnell erkennen, dass Kinder schon in sehr jungen Jahren in der Lage sind, Regeln aufzustellen. Sie machen das, weil sie bereits die Erfahrung gemacht haben, dass kein Spiel ohne Regeln funktioniert und weil es ihnen offensichtlich selbst viel Spaß macht, Regeln zu erfinden und sich daran zu halten. „Regeln lernen“, das klingt nach Drill. Das muss es aber absolut nicht sein. Die meisten Regeln lernen sich wie von selbst durch:

a) das konsequente Vorbild der Eltern,

b) kontinuierliche Gewöhnung,

c) Einsicht in den Sinn,

d) Selbsterfahrung.

Für alle Lebensbereiche gilt: Alles, was wir selber entwickeln und tun, wirkt sich nachhaltiger auf unser Leben aus, als die Dinge, die wir einfach nur gesagt bekommen. Was aber in kleinen Gruppen eigenständig entwickelt wurde, hat sich im Gedächtnis eingeprägt. Wir sollten die Kinder auch ernst nehmen und ihnen zutrauen, dass sie in der Lage sind, brauchbare Lösungsvorschläge anzubieten.

Nach und nach erhalten die Kinder immer mehr Gelegenheit, selbst Regeln aufzustellen. Das drei- und vierjährige Kind ist in einem bestimmten Rahmen, den Sie setzen, durchaus in der Lage, sich eine Regel für das Aufräumen auszudenken und einzuhalten. In diesem Alter beginnen Kinder auch, selber Gemeinschaftsspiele durch Spielregeln zu bestimmen. Sie haben eine Vorliebe für Abzählreime, die regeln, wer eine bestimmte Rolle im Spiel übernimmt, und sie wissen ganz genau, nach welchen Regeln das „Vater-Mutter-Kind-Spiel" zu funktionieren hat, und dulden keine Regelverletzung. Warum sollten Sie also nicht zum Beispiel sagen: „Du hast dir neulich mit Fatima für euer Puppenspiel ganz tolle Regeln ausgedacht. Warum denkst du dir nicht auch eine Regel für das Aufräumen aus? Ich mag mich nicht mehr ärgern und du magst mein Meckern nicht mehr hören. Hast du eine Idee, mit welcher Regel wir beide zufrieden sein können?" Versuchen Sie es zunächst mit Entscheidungen, die nicht von allzu großer Bedeutung sind. Wenn Sie merken, dass Ihr Kind gut mit eigenen Entscheidungen umgehen kann, können Sie den Spielraum ausweiten. Sollte es dennoch mit dem Umgang mit Regeln nicht so klappen, versuchen Sie es mit einem kreativen „Training". Ein paar Anregungen dafür finden Sie hier.

Tipp 34

Besondere Essenstage

Viele Dinge eignen wir uns durch reine Gewöhnung an. Den Gewöhnungsaspekt können Sie sich auch beim Essen zunutze machen. Bieten Sie Ihrem Kind für jeden Tag etwas Besonderes zum Essen an. Die Regel könnte so lauten:

- Montags gibt es ein Nudelgericht.
- Dienstags gibt es eine Süßspeise.
- Mittwochs wird ein Salat als Vorspeise gegessen.
- Donnerstags steht Gemüse auf dem Speiseplan.
- Freitags gibt es Fisch.
- Samstags ist der Tag der Lieblingsgerichte. Die Familienmitglieder wählen nacheinander ihr Lieblingsgericht aus.
- Sonntags wird gemeinsam gekocht und vorher zusammen ein Gericht ausgewählt.

Tipp 35

Familienregeln malen

Ihr Kind kennt Verkehrsschilder und es weiß auch, dass es Regeln gibt, die es sich nur schwer merken kann. Für diese Regeln kann es sich Schilder gestalten und aufhängen. Sie können Impulse geben:

- Auf der Kiste, in der die Naschsachen verwahrt werden, klebt eine Zahnbürste.
- Im Fahrradschuppen hängt das Bild Ihres Kindes mit Helm.
- In der Ecke, wo der Mülleimer steht, hängt ein Bild, auf dem die Abfälle eingezeichnet sind, die in den Eimer gehören.
- Neben der Toilette könnte ein kleines Schild mit einem geschlossenen Klodeckel oder einem sitzenden Menschen kleben.

Sobald sich alle ohne Erinnerungspiktogramm an die Regel halten, wird das Schild/Bild entfernt.

Tipp 36

Fernsehregeln

Stecken Sie den Rahmen fest, innerhalb dem sich Ihr Kind bewegen kann. Bieten Sie zum Beispiel drei Kindersendungen in der Woche an. Erklären Sie vorher, wo bisher Ihr Problem lag: „Ich bin sauer, wenn du ständig fern siehst und nie Zeit hast, dein Zimmer aufzuräumen, und dann auch noch so rumtrödelst, wenn du dich im Bad nachtfertig machen sollst. Vielleicht hast du einen Vorschlag, welche Regelung wir künftig finden können?“ Fällt es Ihrem Kind noch schwer, selbst einen Vorschlag zu entwickeln, können Sie Hilfen oder Alternativen anbieten: Künftig darf der Fernseher erst angeschaltet werden, wenn aufgeräumt wurde. Zusätzlich werden feste Zeiten für Aufräumen und Fernsehen ausgemacht.

Tipp 37

Die Wut-weg-Regel

Jeder Mensch wird einmal wütend, das ist auch in Ordnung so. Aber die Wut muss sich auch wieder legen und man sollte sich auch wieder vertragen. Verabreden Sie mit Ihrem Kind, was zu tun ist, wenn die Wut nicht zu bremsen ist. Gibt es irgendein Zeichen, eine Geste, die hilft, wieder „auf den Boden zu kommen?“
Nach einem Sportmatch schütteln sich die Gegner die Hände. Welche Regel erfindet ihr Kind, um einen Streit zu beenden?

- Wir spielen ein Spiel zusammen?
- Jeder geht erst mal in sein Zimmer und beruhigt sich, danach ist alles wieder in Ordnung und vergessen?
- Wir machen einen langen Spaziergang oder rennen um die Wette?
- Wir trinken 15 Minuten später einen Kakao und reden über den Streit?
- Wir nehmen uns nur kurz in den Arm und sagen, dass alles wieder in Ordnung ist?
- Wir überraschen uns mit einer selbst gemachten Kleinigkeit?

Tipp 38

Kindervorschläge aufgreifen

Kindern kann man erklären, dass für das funktionierende Zusammenleben Regeln notwendig sind. Entwickeln Sie die Familienregeln mit den anderen Familienmitgliedern zusammen. Geben Sie die Regeln nicht vor, der Kinderwunsch sollte Berücksichtigung finden. Kindliche Lösungen sollten von Erwachsenen akzeptiert werden. Probieren Sie einfach aus, ob es klappt. Diskutieren Sie mit Ihrem Kind das Für und Wider Ihrer Absprachen und schließen Sie einen Vertrag ab.

Tipp 39

Was wäre, wenn

Sie stellen Ihrem Kind folgende Fragen, die immer mit „Was wäre, wenn“ beginnen. Was wäre, wenn

- zu deinem Geburtstag alle Kinder kommen würden, die du kennst?
- du jeden Tag essen könntest, was dir schmeckt?
- du bestimmen könntest, wann du abends ins Bett gehst?
- ich nicht aufpassen würde, dass du dir jeden Tag deine Zähne putzt?
- dich morgens niemand wecken würde?
- es keine Verkehrsregeln mehr geben würde?
- die ganze Familie morgens zur gleichen Zeit ins Bad möchte?
- alle Leute ihren Müll auf die Straße werfen würden?
- Väter und Mütter nur zur Arbeit gehen würden, wenn sie auch Lust dazu hätten?
- keiner mehr den Schnee im Winter wegfegen würde?
- die Polizei keine Verbrecher mehr festnehmen würde?

Bei diesem Spiel sollten Sie Fragen wählen, die der Situation Ihres Kindes entsprechen und dabei auch die neuralgischen Punkte thematisieren. Belassen Sie es nicht bei einem einfachen Frage-Antwortspiel, gehen Sie ruhig etwas in die Tiefe und forschen Sie nach Begründungen Ihres Kindes.

Tipp 40

Konfliktpuppenspiel

Mit zwei Handpuppen spielen Sie Ihrem Kind eine kurze Szene vor, in der es um einen Streit oder eine Regelverletzung geht. Sie können beispielsweise auch ein Bettlaken im Türrahmen befestigen und an Stelle von Handpuppen Strümpfe mit aufgenähten Knopfaugen nehmen. Die beiden Handpuppen kommen sich in die Quere. Sie beschimpfen sich gegenseitig und gehen im Streit auseinander.

Bitten Sie Ihr Kind, das Spiel nachzuspielen und eine andere Lösung zu präsentieren. Sammeln Sie mehrere Lösungen und besprechen Sie anschließend, welche Regelung für beide von Vorteil war.

Tipp 41

Der Vertrag

Es gibt viele Dinge in unserem Leben, die nicht ganz selbstverständlich ablaufen, sondern immer wieder in Erinnerung gebracht werden müssen, oder nur dann behalten werden, wenn man eine vertragliche Absicherung getätigt hat. Ein Vertrag ist ein gegenseitiges Abkommen, ein Geben und Nehmen. In ganz besonders verzwickten Fällen sollten Sie sich deswegen nicht scheuen, auch mit Ihrem Kind einen Vertrag abzuschließen. Über die Konditionen wird, wie im richtigen Leben, verhandelt. Danach könnte ein Vertrag so aussehen:

Lucas Meier macht jeden Morgen, bevor er in die KiTa geht, sein Bett.

Abends räumt er sein Zimmer auf. Hat er Gründe, dies nicht zu machen, bespricht er es mit den Eltern.

Matthias Meier (der Vater) geht samstags mit Lucas in die Schwimmhalle.

Petra Meier (die Mutter) macht Lucas jeden Morgen ein leckeres Frühstücksbrot. Besprechen Sie diese Vereinbarung mit Ihrem Kind und machen Sie deutlich, dass es sich um ein gegenseitiges Abkommen handelt. Es wird von Ihnen und Ihrem Kind unterschrieben oder mit einem Daumenabdruck versehen. Selbstverständlich muss nicht jeder Vertrag schriftlich abgeschlossen werden. Mündliche Verträge tun es auch!

Tipp 42

Tapetenmalen

Legen Sie ein großes Stück Tapete (am besten zwei zusammengeklebte Bahnen) in die Mitte eines Zimmers und beginnen Sie, mit möglichst allen Familienmitgliedern ein Bild zu malen. Jeder beginnt von einer anderen Seite. Nun gibt es zwei Möglichkeiten. Entweder Sie besprechen im Vorfeld Regeln, damit das Gemeinschaftsbild gelingen kann, oder Sie probieren aus, ob es ohne Regeln geht und entwickeln solche, sobald es notwendig erscheint. Anschließend besprechen Sie die Aktion.

Tipp 43

Malefiz

Mehrere Spieler erhalten ein Malefizspiel mit den dazu gehörenden Würfeln und Spielsteinen. Sie dürfen mit dem Spiel alles Mögliche anstellen, nur nicht die üblichen Regeln verwenden. Mit den neuen Regeln müssen alle am Spiel Beteiligten einverstanden sein. Man kann auch unterschiedliche Lösungen ausprobieren.

Tipp 44

Blindenführen

Schließen Sie die Augen und lassen Sie sich von Ihrem Kind durch das Haus führen. Sie können das Spiel auch erschweren: Während der „Führung" wird nicht geredet. Deswegen ist es sinnvoll, vorher Absprachen zu treffen, denn es dürfen nur leichte Berührungen, wie antippen oder die Hand unter den Ellbogen legen, stattfinden. Sie können auch eine schwierigere Variante wählen und sich durch einen Summton verständigen.
Tauschen Sie danach die Rollen.
Besprechen Sie dann auch, ob das Spiel funktioniert hat und warum das so war bzw. warum nicht. Haben die Absprachen gereicht?

Tipp 45

Ein Blatt Papier, zwei Maler

Alle Familienmitglieder sitzen am Tisch vor einem großen Bogen Papier. Auf dem Tisch steht ein Kasten mit Wachsmalstiften. Von jeder Farbe ist nur ein Stift vorrätig. Jeder beginnt auf seiner Seite zu malen. Während der „Arbeit" wird nicht gesprochen. Irgendwann müssen die Maler entweder Absprachen treffen, weil sie sich gegenseitig ins Gehege kommen, wortlos aufeinander eingehen oder sich gegenseitig stören.

Besprechen Sie, was passiert ist: Konnten alle so malen, wie sie es wollten? War es unkompliziert oder schwierig? Warum? Hat jemand mehr Platz beansprucht, als die anderen?
Ist ein gemeinsames Bild entstanden oder sind es mehrere Einzelbilder in einem großen Gesamtbild? Haben sich im Laufe der Zeit Regeln entwickelt?

Tipp 46

Bonbons sammeln

Auf dem Boden liegen viele Bonbons. 3 Familienmitglieder oder Nachbarskinder fassen sich an den Händen. Sie sollen in möglichst kurzer Zeit, die mit der Stoppuhr gemessen wird, viele Bonbons vom Boden aufsammeln. Das ist sehr schwierig, weil bei dem Spiel nicht geredet werden darf. Das Kind in der Mitte wird schreien, wenn die beiden anderen in unterschiedliche Richtungen laufen würden. Schnell und erfolgreich können die drei nur sein, wenn es ihnen gelingt, aufeinander Rücksicht zu nehmen, in eine Richtung zu laufen und möglichst gleichzeitig Bonbons aufzusammeln. Die Zusammensetzung der Dreiergruppe kann verändert werden. Dann können Sie feststellen, welches Team die Aufgabe am besten erledigt hat.

Tipp 47

Reise ins Fantasialand

Alle Mitreisenden legen sich bequem und entspannt auf eine Decke oder in eine Kuschelecke mit vielen Kissen. Sie entspannen sich und schließen, wenn sie mögen, die Augen. Sie beginnen, eine Geschichte zu erzählen, und machen nach jedem Satz eine Pause, die es Ihren Kindern ermöglicht, das Beschriebene bildlich vor sich zu sehen. Ihre Geschichte könnte so aussehen:

Ich möchte mit euch jetzt eine Reise ins Land der Fantasie machen. Habt ihr Lust mitzukommen? Ja, das ist gut, denn in diesem Land geht es traumhaft zu. Schließt jetzt bitte die Augen und steigt mit mir in das Flugzeug, das uns ins Fantasialand bringt. Der Start ist gut gelungen. Unser Flugzeug schwebt lautlos am Himmel. Wir schauen aus dem Fenster und sehen die Erde ganz klein unter uns. Jetzt sind wir vollkommen von weißen weichen Wolken umhüllt. Die Wolken verändern sich immer wieder, manche sehen aus wie Bettdecken und andere wie Schafe. Während wir uns noch die Wolkenbilder anschauen, verändert sich der Himmel schon wieder. Die Wolkendecke reißt auf und es ist wieder Land zu sehen. Der Flugkapitän setzt ganz weich zur Landung an. Wir steigen aus und erleben etwas ganz Besonderes. Wir sind in einem Land gelandet, in dem alles ganz anders ist, als bei uns zu Hause. Die Einwohner des Landes, das Fantasialand heißt, begrüßen uns mit einem dicken Blumenstrauß. Wir werden umarmt und zu einem Rundgang eingeladen. Erstaunt stellen wir fest, dass es überhaupt keine Schilder in den Straßen gibt. Und trotzdem funktioniert alles. Die Kinder toben auf den Rasenflächen und niemand schimpft, überall sitzen Leute, kleine, große, alte, junge und reden miteinander. Die Autos halten, wenn ein Fußgänger die Straße überqueren will, sie fahren langsam, wenn sie Kinder neben der Straße spielen sehen.
Sie scheinen sich gut zu vertragen.
Wir fragen unsere Gastgeber, warum im Fantasialand alles so gut funktioniert. Hört zu, was sie sagen, und merkt es euch gut. Vielleicht könnt ihr es später bei uns zu Hause den anderen erzählen. Wir sehen aber auch Menschen, die miteinander streiten. Schaut zu, was da passiert. Irgendetwas ist im Fantasialand anders, wenn die Menschen streiten. Was kann das sein?

Spinnen Sie die „Reise“ selber weiter. Sie können gerne Aspekte einflechten, die gerade in Ihrer Familie von Bedeutung sind.

Tipp 48

Kinder lieben Geschichten

Am meisten lieben Kinder Geschichten, in denen sie selbst eine Rolle spielen. Bieten Sie Ihrem Kind deswegen selbst ausgedachte Geschichten an, die sich an seinem Leben orientieren, und beziehen Sie Ihr Kind in die Gestaltung der Geschichten mit ein. Sie können auch einen Konfliktfall zum Thema machen oder eine Situation schildern, in der Sie keinen Ausweg gesehen haben.

Ich kenne da ein liebes fröhliches Mädchen, über das sich deren Eltern jeden Tag freuen. Sie ist hilfsbereit und tüchtig. Stell dir vor, sie kann ihre Schnürsenkel schon ganz alleine zubinden und auf den kleinen Bruder aufpassen. Das macht sie alles ganz prima und ihr fallen auch immer wieder lustige Spiele ein, die sie mit dem Bruder spielen kann. Eigentlich gibt es da nur eine Sache, die der Mami etwas Probleme macht. Kannst du dir vorstellen, was das ist? Nein, kannst du nicht? Dann will ich es dir erzählen. Sie trödelt immer fürchterlich, wenn sie aus der Kindertagesstätte kommt. Was denkst du, warum sie das macht? Ob sie weiß, dass ihre Mami sich ganz fürchterliche Sorgen macht, Angst hat, es könnte etwas passiert sein? Hast du eine Idee, wie man das kleine Mädchen dazu bringen kann, zügig nach Hause zu gehen?

Tipp 49

Rollentausch

Tauschen Sie einmal im Monat mit Ihrem Kind für ein paar Stunden die Rolle. Nun darf Ihr Kind „Bestimmer" sein. Es kann Regeln auf den Kopf stellen, Anweisungen geben und Wünsche äußern. Sie dürfen als „Kind" natürlich auch quengeln, nörgeln, sich weigern, etwas zu essen oder aufzuräumen. Sprechen Sie anschließend mit Ihrem Kind über die Erfahrungen.
Schlüpfen Sie als Eltern in die Rolle eines Kindes. Ein Rollentausch belebt die Spielsituation.

Tipp 50

Spielregeln verändern

Wählen Sie ein einfaches Tischspiel aus, wie „Mensch ärgere dich nicht" und verändern Sie gemeinsam mit Ihrem Kind die Regeln. Eigentlich ist es doch unfair, dass jemand, der eine 6 gewürfelt hat, noch einmal würfeln darf, und das Rausschmeißen ist auch nicht besonders witzig. Stellen Sie Regeln auf, über die sich niemand ärgern muss.

Tipp 51

Das eigene Tischregelspiel

Legen Sie einen großen Bogen Papier auf den Tisch und halten Sie dicke Stifte, Würfel und Spielsteine (richtige Steine oder Kronkorken tun es auch) bereit. Nun malen alle gemeinsam Spielfelder auf den Bogen. Jedes dritte Feld (vielleicht malt jedes Familienmitglied 9 Kreise) ist ein Ereignisfeld. Die Familienmitglieder also bestimmen, was passieren soll, wenn ein Spieler auf das Feld gerät. Sie können das mit kleinen Symbolen deutlich machen: Neben dem dritten Feld liegt eine Karte, auf der beispielsweise eine Note zu sehen ist. Das bedeutet: Wer auf diesem Feld steht, muss ein Lied singen. Nun wird reihum gewürfelt.

Tipp 52

Alles steht Kopf

Ein Wirbelsturm hat die ganze Welt und die Menschen durcheinander gebracht. Nichts funktioniert mehr so, wie es einmal war, alles steht auf dem Kopf.

- Die Polizisten laufen vielleicht mit Karnevalsmasken herum und spielen mit den Kindern fangen?
- Alle öffentlichen Verkehrsmittel fahren plötzlich rückwärts?
- Die Eltern gehen nicht mehr zur Arbeit, sondern in den Kindergarten?
- Die Kinder müssen Müllsäcke statt Kleider anziehen?
- Es gibt kein Spielzeug mehr?

Wählen Sie Beispiele aus und spielen Sie das Gedankenspiel mit Ihrem Kind weiter, indem Sie folgende Fragen diskutieren: Ist das eine lustige Situation? Kannst du dir das Leben so vorstellen? Was würdest du ganz schnell ändern? Wie könnten die Menschen die Situation wieder verändern? Was würdest du zuallererst ändern?

Tipp 53

Traumlandregeln

Setzen Sie sich im Kreis auf dem Fußboden zusammen, um Traumlandregeln zu erfinden. Sie haben einen Ball in der Hand und beginnen Ihre Traumlandregel zu erzählen:
„In meinem Traumland gibt es eine Verwandtenumtauschzentrale."
Nun werfen Sie den Ball einem anderen Mitspieler zu, der vielleicht sagt: „In meinem Traumland kann sich jeder aus dem Kühlschrank nehmen, was und wie viel er/sie will".
Der Ball wird wieder weitergereicht: „In meinem Traumland muss niemand die Schule besuchen."
Die unterschiedlichen Aussagen bieten anschließend ausreichend Stoff für eine spätere Unterhaltung.

Tipp 54

Puppenfamilie ohne Regeln

Haben Sie nicht vielleicht Lust, auch einmal zu experimentieren und mit Ihrem Kind und seinen Puppen und Kuscheltieren zu spielen? Laden Sie Ihr Kind zu einem Spielexperiment ein, das nur eine Regel hat: Es darf keine Regel geben!
Sie werden sehen, wie schwer das ist und wie viel es dabei zu lachen gibt. Im Spiel mit den Puppen werden alle Regeln aufgehoben. Die Puppen und Teddys tun, was sie wollen, und deren Puppenmütter natürlich auch. Geht das überhaupt? Was passiert dann? Macht das Spaß? Geht das im richtigen Leben auch?

Tipp 55

Rollenspiele

Auch in einer kleinen Familiengruppe kann man mit wenigen Beteiligten in eine andere Rolle schlüpfen, um probeweise spielerisch künftiges Handeln auszuprobieren.

Mögliche Themen:

- Das Kind möchte Taschengeld, der Papa sagt: Du bist noch zu klein.
- Carl und Sina streiten um eine Puppe. Wie regeln sie den Konflikt?
- Christian spielt in der Sandburg. Tim will mitspielen. Christian findet das gar nicht gut.
- Vier Menschen sitzen vor einem Pudding. Jeder möchte ihn für sich haben.
- Alle Familienmitglieder möchten eine andere Sendung im Fernsehen sehen.

Freiburg im Breisgau

Printed in Germany

ISBN 3-419-53439-6

Cover und Layoutentwurf: Network!, München
Layout und Gesamtproduktion: smp, Freiburg
Lektorat: Anima Kröger, Freiburg
Fotos: Ulrich Niehoff: S. 3; Heidi Velten: S. 6, 25, 32
Titelfoto: Jutta Weser
Illustrationen: Klaus Puth, Frankfurt
Druck: Himmer, Augsburg

WEITERE TIPPS...

wie Ihr Kind sinnvoll Regeln lernt

Salomé Widmer
Ich will doch gar nicht hauen
ISBN: 3-419-53311-X
€ 12.90 / sFr 23.50

Thomas Kaiser
Das Wut-weg-Buch
ISBN: 3-419-52896-5
€ 14.90 / sFr 27.–